"Por favor..."

APRENDENDO SOBRE BOAS MANEIRAS

COLEÇÃO VALORES

Beatriz Meirelles

Ilustrações **Fábio Sgroi**

editora scipione

Gerente editorial
Sâmia Rios

Editora
Maria Viana

Assistente editorial
José Paulo Brait

Revisora
Nair Hitomi Kayo

Editora de arte
Marisa Iniesta Martin

Diagramadora
Fabiane de Oliveira Carvalho

editora scipione

Av. Otaviano Alves de Lima, 4400
Freguesia do Ó
CEP 02909-900 – São Paulo – SP

ATENDIMENTO AO CLIENTE
Tel.: 4003-3061

www.scipione.com.br
e-mail: atendimento@scipione.com.br

2023
ISBN 978-85-262-6189-1 – AL
ISBN 978-85-262-6190-7 – PR
Cód. do livro CL: 735198
1.ª EDIÇÃO
10.ª impressão
Impressão e acabamento
Forma Certa Gráfica Digital

Dados Internacionais de Catalogação na Publicação (CIP)
(Câmara Brasileira do Livro, SP, Brasil)

Meirelles, Beatriz

"Por favor...": aprendendo sobre boas maneiras / Beatriz Meirelles; ilustrações de Fábio Sgroi. – São Paulo: Scipione, 2005. (Coleção Valores)

1. Literatura infantojuvenil I. Sgroi, Fábio. II. Título. III. Série.

05-7305 CDD-028.5

Índices para catálogo sistemático:
1. Literatura infantil 028.5
2. Literatura infantojuvenil 028.5

Aos meus filhos Renata, Fernando e Marcelo,
minha eterna fonte de inspiração.

Fazer amigos é bom,
conviver é complicado.
Pessoas são diferentes,
cada um tem o seu lado.

Mas existe um jeito fácil
de conviver em harmonia:
ser delicado e gentil,
sempre usar de cortesia.

Em qualquer lugar dá certo,
não tem muito o que errar.
Há palavras que abrem portas,
use-as sempre, você vai gostar.

"Bom dia", com um sorriso,
deixa a todos animados.
Gostamos de nos sentir
acolhidos e amados.

"Com licença" faz quem ouve
reagir com boa vontade,
pois percebe que você
é educado de verdade.

"Por favor" é necessário
sempre que algo for pedir.
Demonstra respeito ao outro,
que na certa vai sentir.

“Obrigada” só dizem as mulheres,
os homens dizem “Obrigado”
quando algo se aceita
ou quando é recusado.

Dizer “Desculpe” é necessário
quando se faz algo errado.
Mesmo quando é sem querer,
mesmo sem ser culpado.

Há também os cumprimentos:
“Como vai?”, “Muito prazer!”
ou até um simples “Oi!”.
Pra começar... pode ser.

Feio mesmo é ir chegando
sem olhar para ninguém.
Parece que não ligamos
ou não gostamos de alguém.

Palavras são importantes;
umas boas, outras não.
É preciso ter cuidado
e não falar palavrão.

Alguns parecem engraçados,
temos vontade de usar.
Mas devemos tomar cuidado,
pois quase ninguém vai gostar.

E não são só as palavras
que ajudam na convivência.
A maneira de agir
também tem sua ciência.

Conversar olhando nos olhos,
dar um firme aperto de mão
são ainda alguns detalhes
de uma boa educação.

Quando estiver em um grupo
e quiser falar com alguém,
não cochiche, espere um pouco
pra não chatear ninguém.

Se um amigo o procura
para um segredo contar,
guarde, não conte a ninguém,
vale ouro poder confiar.

E, para evitar os erros,
sentir muita segurança,
use um truque que aprendi
quando ainda era criança.

Vai ser difícil errar,
experimente e vai ver.
Nunca faça para os outros
o que não quer pra você!

Observações para pais e professores

A proposta deste livro é conversar e refletir sobre convivência harmônica, gentileza e respeito ao próximo. Ao ler com seus filhos ou trabalhar a ideia com seus alunos, é importante fazer com que observem e discutam as atitudes que promovem um convívio pacífico e respeitoso.

Questione-os sobre como gostariam de ser tratados e conscientize-os da importância de saber lidar com o outro. Instigue-os à observação: o mundo ao nosso redor está cheio de "ricos" exemplos de falta de harmonia. Complemente a discussão com experiências pessoais e situações do cotidiano aqui retratadas ou não.

A violência não ocorre apenas com armas e agressões físicas, nem tampouco a paz é simplesmente a ausência de guerra. O mau emprego das palavras, as ofensas, os insultos também ferem e marcam, às vezes de modo indelével e com consequências imprevisíveis.

O convívio harmônico começa em casa, na escola e nas pequenas comunidades que as crianças frequentam (clubes, igrejas, parques...). Viver em paz é saber tratar os outros com educação e respeito, pensando sempre como gostaríamos de ser tratados na mesma situação. Vale a pena mostrar que nas pequenas atitudes podemos conquistar ou simplesmente afastar alguém de nós.

Outro ponto a ser considerado é o uso das palavras de baixo calão. Hoje em dia, é quase um hábito social constituído falar palavrões, que aparecem em várias mídias como forma de expressão normal. Incentive seus filhos ou alunos a investigar o significado dos palavrões que falam e conhecem. Estimule-os a refletir sobre o que queremos transmitir quando os usamos. Ajude-os a desenvolver a necessária empatia, colocar-se no lugar do outro e perceber como se sente quem ouve um palavrão. Oriente-os a evitar essas palavras de baixo calão, substituindo-as por outras quando acharem necessário expressar sentimentos ruins, como indignação, por exemplo.

Em situações de sala de aula, procure criar momentos de reflexão e deixar que os alunos exponham seus sentimentos em relação ao que escutam dos colegas. Propicie a criação de um cartaz de normas de convivência, levando em consideração o uso das palavras adequadas para cada momento.

Lançar mão de dinâmicas pode ser uma estratégia muito rica em sala de aula. Por exemplo: peça a alguns alunos que se retirem da classe por cinco ou dez minutos. Nesse meio tempo, instrua os colegas que ficaram na sala a formar pequenos grupos, fingir que estão cochichando e, no retorno dos alunos que saíram, olhar para eles entre risinhos e cochichos. Em seguida, pergunte àqueles primeiros como se sentiram. Muito provavelmente vão achar que foram alvo de piadinhas de mau gosto. Ou seja, se sentirão desrespeitados pelos colegas. Depois, esclareça à classe que tudo foi apenas um exercício.

Outra ideia é sugerir que os alunos inventem segredos, escrevam num papel e coloquem tudo numa caixinha (criada pela própria turma). Depois escolham alguns desses papéis e os leiam em voz alta para a classe. Faça com que reflitam sobre as consequências dessa atitude. Como se sentiriam aqueles que tivessem seus segredos revelados em público?

Pode-se ainda chamar alguém (de preferência um adulto informado previamente sobre a brincadeira) e combinar com a turma que todos vão ignorá-lo e ninguém vai cumprimentá-lo quando entrar na classe. Depois, peça que a pessoa conte aos alunos como se sentiu. Ou que as próprias crianças reflitam e digam como se sentiriam no lugar dela. Sua criatividade e conhecimento do grupo certamente darão pistas de outras tantas atividades que complementem o trabalho desta leitura.

As situações de sala de aula podem também ser reproduzidas em família ou outros grupos de convivência.

"Por favor..." propicia bons momentos de leitura e reflexão, contribuindo para a formação de cidadãos que possam desenvolver e compartilhar o senso de urbanidade.

Arquivo pessoal

Beatriz Meirelles mora em Santa Cruz do Rio Pardo, interior de São Paulo. Professora e coordenadora dos ensinos fundamental e médio, é também escritora e contadora de histórias, além de trabalhar na formação de professores e de pequenos leitores. Seu primeiro livro, *Descobrindo o Brasil com vovô Leite*, foi publicado em 1999. O segundo, *Grande ou pequena?*, foi lançado pela Scipione em 2001. Em parceria com o marido, o músico Luiz Carlos da Silva Júnior, produziu o CD *Recontando as histórias*, em que são interpretados vários clássicos da literatura infantil.

Arquivo pessoal

Fábio Sgroi nasceu em 1973 na cidade de São Paulo, onde mora até hoje. Graduado em Desenho Industrial e especializado em Programação Visual pela Universidade São Judas Tadeu (SP), atualmente dedica-se à ilustração de livros infantis, didáticos e de literatura. Já ilustrou inúmeras obras, entre as quais *Mowgli, o menino-lobo*, *Salada de letras* e *Almanaque de puns, melecas e coisas nojentas*. Para este livro em particular, utilizou a técnica de desenho à mão livre com pintura digital.